謹以此書
獻給我最敬愛的母親大人

許梁惠波女士

九龍照舊

許日彤　編著

中華書局

序

鄭寶鴻

我家在港島，五十年代，踏足九龍的機會是探親、乘火車回內地、遊荔園及逛工展會。九龍城及牛頭角是「在那遙遠的地方」，談到啟德機場，即聯想起「出國」及「遊埠」。

女皇加冕的一九五三年冬天，舉家往參觀尖沙咀工展會（現喜來登酒店所在），行完展場十三、四條「街」之後，意猶未盡，再沿彌敦道、荔枝角道步行至深水埗才乘小輪回港島。途中聽到父母提及「大包米」、兵房、鬼屋（佐敦道口）、大華、普慶、平安及勝利戲院。當時印象最難忘的是旺角道口的古舊差館，而充滿歐陸風情的尖沙咀，覺得就是「外國」。印象最深刻的是一列列有圓拱形支柱「騎樓底」的西式屋宇。

六七十年代，上述記憶仍縈繞於腦際，不過，大部分當時的建築物，已被拆卸重建。

近年，致力購買當年的照片及明信片，冀能「捉回」當年已溜走的景象。傾盡全力，仍只得一鱗半爪。

有幸先睹日彤兄的新作《九龍照舊》，書中的多幀罕有照片及明信片，使在下有極大的滿足感，恍如走進時光隧道，回到一九五三年以至早期的九龍。

一批一九四五年剛和平後的照片，以及多張尖沙咀、油麻地、旺角、深水埗、九龍寨城、機場以至調景嶺一帶的罕見照片，皆為難得一見或初次出現者。

一如日彤兄的另一力作《香港照舊》，書中的字裏行間除述及社會的變遷外，還有商場的人事興替，和不同階層市民的生活點滴，亦洋溢着濃厚的人情味，令人回味不已。

在下再次衷心向讀者諸君推薦。

鄭寶鴻 敬書

於歲次乙未年十二月二十七日

自序

許日彤

二〇一四年非常幸運能有機會編寫了拙作《香港照舊》。出版後從不同渠道收到各方迴響，無論是批評指正，還是讚譽鼓勵，對我來說皆是無比珍貴。讀者對拙作的稱許和欣賞固然令本人深感鼓舞，善意的批評更使我了解到自己淺白粗疏的一面，最令人高興的是透過該書的出版，令我結交了不少新朋友，為我提供不少掌故知識和珍聞軼事，不獨豐富我的閱歷，同時更充實我的心靈，這一切都是本人萬二分感激的。更令人興奮的是在《香港照舊》一書出版後不久，能再獲中華書局的支持，邀約編撰新書——《九龍照舊》。

在前書的經驗上再編寫此書，原以為雖未致駕輕就熟，但亦應略見輕鬆，哪知一經開始，才發覺無論在圖片以至資料搜集上均較香港島困難得多，特別是二十世紀初或之前的九龍區照片，除個別已經多次公開者外，簡直是鳳毛麟角，只因當年的香港經濟重心以至居民都集中於港島，九龍半島除尖沙咀一帶屬軍營和洋人的別墅區域外，其餘各區大部分仍處於半鄉郊狀態；徬徨之際，可幸於編撰工作開展後，翻箱倒籠尋找舊藏資料時，才發覺原來被自己遺忘了的九龍照片亦不在少數，加上後期的搜集，終於達到心目中希望展示具質素照片的數量，能夠舒一口氣。更幸運的是在徵集照片過程中，偶然地收集到一組罕見的九龍城和深水埗區照片，不獨展現了該地二三十年代時的面貌，更多角度了解到當日的民生狀況，包括近距離看到在砦城城牆下取景拍攝電影的情況，呈現了該兩區鮮為人知的一面。

在撰寫《九龍照舊》的過程中，筆者得到一個極佳的機會去重溫九龍半島的歷史，溫故而知新，個人得着委實不少，自娛之外亦希望此書復能娛人，最終目標是想透過欣賞舊照片、講述舊故事的同時，能帶出「憑藉回顧過去，更加珍惜現在，協力打造美好將來」此一訊息，這亦是筆者對本書的最大期盼。

在此除了要感謝中華書局，在各方面的協助和配合外，更非常榮幸能再次獲得香港史學泰山北斗鄭寶鴻先生為本書賜序，並提供寶貴意見，令《九龍照舊》生色不少。最後就各位讀者對本書的支持，作者謹致以最誠懇的感激和謝意。

許日彤

二〇一五年十一月二十二日

二十世紀初九龍半島鳥瞰圖

目錄

尖沙咀自明代以前已經有村民聚居。清初的遷海令雖曾使整個九龍半島荒廢，但禁令取消後，九龍半島旋即重新發展起來，除漁民和內陸居民遷至並前往開墾外，尖沙咀更逐漸成為莞香的重要轉運港口，故又被稱為「香埗頭」。在英國佔領香港島前，英國人早已活躍於尖沙咀一帶，英軍打死村民林維喜一案更成為鴉片戰爭的導火線。《北京條約》簽訂割讓九龍後，英政府在此區廣設軍營，並劃定為洋人的住宅區，嚴禁華人居住，整個地域被規劃為花園城洋房區，發展成有如歐洲般的清幽恬靜環境。華人禁住令一直持續至二十世紀初，隨着香港的人口急增和商業進一步發展，尖沙咀的地貌開始產生了變化。直至一二十年代火車總站啟用，以及隨後半島酒店的落成，尖沙咀搖身一變成為了重要的遊客區。二戰後一九五〇年代，來往各地的交通網絡漸趨發達，促使尖沙咀的商業高速發展，各級酒店和商店也相繼大量出現，加上海運大廈於一九六六年開幕，從此奠定了重點遊客區的地位，並為七八十年代尖沙咀的高速發展打下了穩固的基礎。

尖沙咀、佐敦

1

年代風貌

一九三〇年代

九龍半島鳥瞰圖。圖中可見九龍已有明顯的改變。左邊的九龍倉碼頭大幅擴展，而中間可見上圖尚未建成的火車總站和半島酒店。右邊的紅磡一帶，亦因黃埔船塢的帶動，令需求增加而建成了不少新樓宇；其旁的大環山亦正開展了初期的移山工程。總體來說，此時的九龍半島已可算是漸見規模了。

一九〇〇年代

俯瞰尖沙咀。當年這裏為特定的洋人住宅區，華人不得居住。遠方小山為當年稱為皇囿的京士柏一帶。右面山丘上可見天文台，其前方一排相連建築物為諸士佛臺，再前方的一列兩層高房屋，位於加連威老道和金馬倫道一帶。舉目而望，景色與歐洲城市別無兩樣。誰能想像百年之後，當日悠閒寧靜的住宅區，竟會搖身一變成為了今天繁華喧鬧的銷金窩。

一九〇〇年代初

尖沙咀堪富利士道。照片正中央為堪富利士道與加拿芬道的交界，一派歐式風情。

（鄭志衡先生提供）

約一九〇〇年

加連威老道與彌敦道交界。圖中背景為一列典型英式洋房，二十世紀之前，這裏為指定洋人住宅區，華人無緣問津，如非前方有華人轎夫和人力車夫的話，讀者可能以為是攝於英倫某地。左方略高處的一排歐式建築物所在為諸士佛臺。此相屬早年的人手上色照片，手工雖然原始粗獷，但卻充分反映了該時代的特有風格。

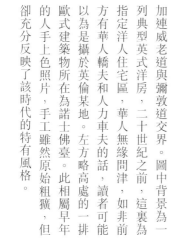

一九一〇年代

彌敦道與加連威老道交界。當年這裏是尖沙咀花園城的一部分，乃洋人專屬住宅區，圖中可見左右兩列洋房，寧靜雅致，洋溢着歐陸風情。

約一九五三年

同一位置。圖片中一列平房，已由洋人高尚住宅淪為街坊陋店，呈現一片破落景象。直至一九六〇年代中發展東英大廈時，整列洋房才被拆除。

一九二〇年代

同一位置。圖中的牛車為當年潔淨局的洗街車，當時正在灑水洗街。背後的一列洋房在戰後一九六〇年代仍然保留下來，不過已被改為商業用途，建築物本身則殘破不堪，昔日光彩不再。

HEIYO MARU

一九二〇年代

尖沙咀碼頭和巴士總站一帶全景。圖中可見有大郵輪停泊於九龍倉起落橋邊，其旁邊的建築物為當年九廣鐵路的貨物進出口辦事處。左面是早年的天星碼頭，巴士停泊的位置，正是今天的五支旗桿所立之處。背後的碼頭，則於一九六〇年代中被發展成為集消費與客運於一身的海運大廈。

約一九二五年

梳利士巴利路。位於加拿芬道以東和加連威老道與金馬倫道之間的一條「掘頭路」。當日洋人專區的禁令才剛解除，故這裏仍保留着典型的英式花園洋房狀態。隨着二戰後華人大量遷入，加上此路的名稱又易與鄰近的梳利士巴利道（舊譯）混淆，故一九六〇年代後被易名，成為今日的不夜天、宵夜勝地：厚福街。

一九二七年

從高空俯瞰尖沙咀加拿芬道一帶，當年此處是清一式的洋人住宅區和兵營。右面加連威老道的一列花園洋房，直至一九六〇年代仍然保存着，只是已改為華人店舖，並且破落不堪。一九六〇年代中，何東家族將之拆卸並改建為東英大廈。圖片下方可見當年的金馬倫道近海傍一帶仍屬軍事區域，直至二戰後才陸續發展成黃金商業地段。

一九三〇年代

彌敦道近佐敦道，舉目盡是英式建築，畫面寧靜典雅。圖中的一群外籍小學生正在路旁候車，可見早年在這裏生活的大部分是洋人。前方行駛中的乃九巴屬下一號線巴士，正向尖沙咀碼頭進發。

一九四五年九月

香港光復後，九龍區日軍投降，英方海軍陸戰隊上校 R J Mc Garrel Groves 於威菲路臨時戰俘營接收並點算日軍槍械。

投降的日寇被解往臨時集中營（即原威菲路軍營）途中的情況。從照片可見，日本降軍像俗語所說的「執包袱」，各人均垂頭喪氣，背負家當，甚至拖着喪家之犬，與當日入城時趾高氣揚的態度有雲泥之別。

一九四五年九月

彌敦道與中間道交界。日寇於一九四五年八月十五日宣佈無條件投降，香港本屬中國戰區管轄，故廣東國軍隨即作出準備受降，並有意順便收回香港，國軍已經越過深圳河，向九龍進發。唯英軍在夏慤少將帶領下搶先登陸港島，經雙方交涉後，國軍才退回華界。圖片所見，即為英軍慶祝光復香港而進行的勝利遊行。背景可見半島酒店（日佔時期曾改稱「東亞酒店」），外牆塗上迷彩顏色，以作為戰時的防禦工事。此相片見證了大時代的變遷，實屬極罕見之品。

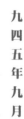

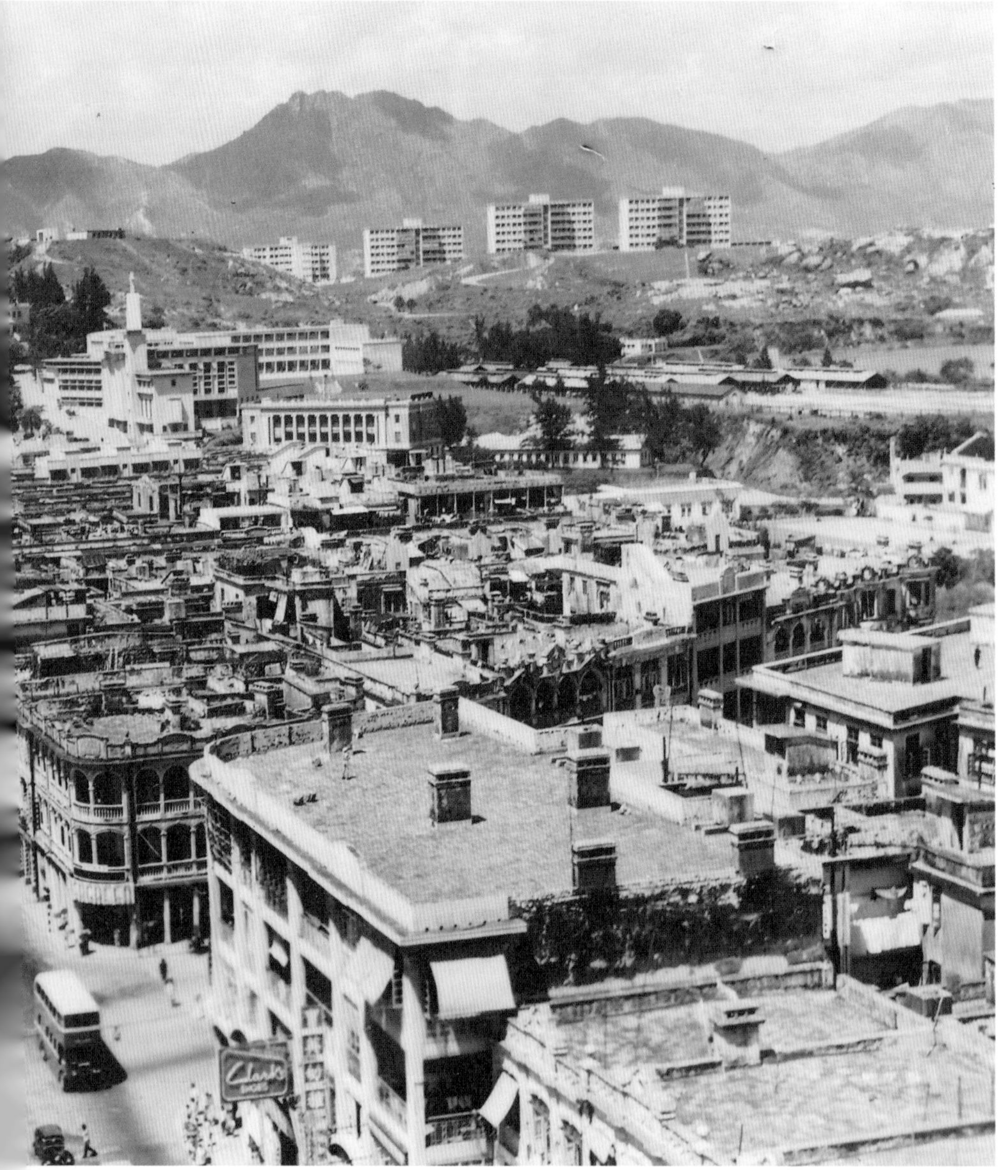
Clarks

一九五〇年代

從高空俯瞰彌敦道由佐敦至界限街一段。近左方的三層樓宇，街坊俗稱為黃堂記鬼屋，原為黃姓木材商所擁有，二戰後曾荒廢多年，直至一九七〇年代初才重建，今天是裕華國貨所在。

尖沙咀
佐敦

約一九六〇年

高空俯瞰尖沙咀。左中方橙黃色頂的一排矮建築物為九倉屬下商場，一九六四年由霍英東牽頭改建為星光行。一九六七年，因政治關係不獲提供電話，後被逼售予英資的置地公司。左面可見九龍倉第一至三號橋，以往貨船泊岸即從這些運輸橋運貨到後面的倉庫，即今天海港城一帶。一九六六年，這幾列碼頭改建為海運大廈，帶動了尖沙咀的發展。右面火車路旁的海邊為藍煙囪碼頭，亦是貨物起卸區。一九七〇年代改建為新世界中心和麗晶酒店。

2

街道變遷

尖沙咀額爾金道（又名伊利近道）
即今天的海防道

約一九〇五年

九龍開發初期的主要道路均以港英政府官員命名，其中不乏與港島重複，例如羅便臣道（彌敦道）、麥當勞道（廣東道）等等，隨着本港進一步發展，港九兩岸融合，為避免造成混淆，故於二十世紀初更改九龍與港島同名道路，另冠名稱以茲區別。圖片中的額爾金道（又名伊利近道）即為其一。此路建於一八九五年，原為紀念接收九龍半島的英方代表伊利近而命名，至一九〇九年基於上述原因而改稱海防道。此照片亦正好見證了這段歷史變遷。

尖沙咀羅便臣道
今天的彌敦道

約一八九五年

當時原本只是一條由南向北、從中間道起至加士居道止的道路，及至二十世紀初，港督彌敦決定發展此路為九龍主幹道，又因港島已有同名道路，故順理成章於一九〇九年將它易名為彌敦道，以紀念港督彌敦開發九龍。圖中可見當年的尖沙咀仍是荒蕪一片，故擴展九龍羅便臣道時曾大受非議，認為是浪費資源。百多年過去，此路成為全港商業最繁盛的道路，事實證明彌敦確是高瞻遠矚，為九龍區以至整個香港的發展，奠下了重要的基石。

35

一九二四年

尖沙咀亞士厘道。當年這地段仍然是外國人集中的高尚住宅區，照片中即可見到兩位正僱用「車仔」的高等西人。與一街之隔升斗市民集中的海房道對比非常強烈。

一九二四年

由海防道中段望向廣東道。上世紀一、二十年代整個尖沙咀地段本都屬於高等西人的住宅區，但因鄰近貨運碼頭的各種支援，故亦產生了華人的居住區，廣東道和海防道即為其中的表表者。圖右矮場之後為嚤囉兵房即威菲路兵房範圍，牆下是一列以補鞋為主的攤擋，亦成了此街道的特色。

一九四〇年代末

彌敦道與海防道交界。右面是當年的威菲路軍營，即今日的九龍公園。左面是民居和街坊店舖，行人相當疏落。海防道盡頭與廣東道交界位處臨海，在短短數十年間，已成為九龍區其中一個最繁忙的交匯點，亦是名店林立之地，其變化之大，只能以「驚人」兩字來形容。

金記鐘錶
CHEUN KEE WATCH DEALER AND REPAIRER

一九五〇年代

尖沙咀彌敦道近重慶商場向北望。遠方較高的建築物為電話大廈，其南面從遠而近的一列舊樓，於一九五〇至一九七〇年代遭先後拆卸，分別被改建為文遜大廈、金冠大廈、美麗都大廈和金域假日酒店等地標建築物。此區域亦發展成全港租金數一數二高昂的地段。

一九五〇年代中

從彌敦道與山林道交界望向山林道。圖片左方可見位於山林道十七號的香港中國國醫學院，此學院由譚寶鈞創立，任教者包括不少因逃避戰禍而遷港的蘇浙籍中醫師，他們的診治方法及所用藥材，與傳統華南代代相傳的中醫界頗有不同，因加入了新元素，令本港的中醫、中藥業有了進一步的發展，對戰後中醫師的培訓有巨大貢獻，不少今天名重一時的中醫師，即由此學院訓練出來。當年山林道亦是上海人聚居的地方，單從招牌上以「上海」二字作標榜即可說明一切。

一九五三年

英女皇加冕巡遊一景。圖片中為彌敦道近佐敦一帶，遊行隊伍正向尖沙咀進發。圖片中右方的建築物為今天的恆豐中心。

一九五三年

彌敦道近漢口道北望。左方為星光酒店，即今日的彩星中心。右面玫瑰酒店的位置是現在的帝國酒店，其上的「國際攝影」，由名師高仲奇先生主理，為當年影星和名人界的御用攝影師，今天已遷至加拿芬道繼續營業。其北面的重慶商場於一九五〇年代初曾開設一家利華有限公司，由逃難到港的中國古董地氈權威李汝寬先生創辦，不少國寶亦從此外流。商場於一九五〇年代末被菲律賓華僑蔡氏拆卸改建，一九六一年建成重慶大廈。幾十年過去，滄海桑田，誰能想像當年的高尚住宅，今天竟淪為龍蛇混雜的小聯合國。

約一九六三年

英女皇壽辰慶典巡遊，攝於彌敦道近寶靈街口。照片右面的新樂酒店，由許讓成家族於一九五二年創立，拍攝此照時當為剛開業不久。酒店經歷了接近一個甲子，仍然能矗立於同一地點繼續經營，在今天的香港來說，可算是異數。

尖沙咀漆咸道

二十世紀初

漆咸道一帶的軍營。左方為今天槍會山位置。此路開埠前為海邊，右面原是海旁，經填海後設置軍營並建築九廣鐵路，一直至一九七〇年代前，漆咸道東面大部分地區仍是軍事禁區。日佔時，漆咸營曾拘留大量英軍戰俘，不少被虐待至死，但隨着一九八〇年代尖沙咀東部和理工學院的發展，今天這裏已成為尖沙咀東大型商業區。

Hk. 17 HONGKONG--KOWLOON GUN CLUB HILL *Tai Woo, Photo, Hongkong*

一九二〇年代

沿漆咸道向北望。遠方山崗為當年的軍營所在，右面涼亭位置乃填海所得的土地，後成為漆咸道兵房的一部分。一九七〇年代末，再進一步填海並於一九八〇年代初發展成尖東商業區。

No. 262. Chatham Road Kowloon Hongkong.

一九二〇年代

麼地道近漆咸道的西式公寓。左上方所見為「大包米」上的時球台。當時此地為洋人的高級住宅區，圖中的物業居住者，多為附近太古洋行所屬藍煙囪碼頭的高級職員。

尖沙咀加拿芬道

一九〇〇年代

加拿芬道。在十九世紀末至二十世紀初，這裏曾被劃定為洋人的高尚住宅區，華人不得在此居住，情況與港島半山堅道以上的區域類同。照片中可見英式洋房遍佈，彷彿置身英倫一樣。

一九一〇年代

彌敦道近加拿芬道向北望。圖中右中方牛奶公司所在位置是堪富利士道的路口。

潔德幼稚
LUCKY BAKERY & CONFECTIONER

尖沙咀加連威老道

約一九五三年

從彌敦道東望向加連威老道。圖片左方為當年非常有名的雲裳舞院。沿路所見當時的尖沙咀一派恬靜悠閒，與今天相同位置的喧鬧相比，兩者確實有雲泥之別。

一九六〇年四月

尖沙咀加連威老道與加拿芬道交界。自從一九三〇年代華人禁居令開放後，洋人漸漸遷出，這些原來的高尚住宅便被改作商舖用途。圖中可見背後的一列華人商舖，這些建築物已經飽歷風霜，非常殘破，在拍攝此照片後的數年間，它們亦被清拆，並改建成東英大廈，此區地貌亦產生了極大的變化。

一九六〇年四月

尖沙咀加拿芬道與金馬倫道交界西望彌敦道。與右圖由同一攝影師同日拍攝。雖只是一街之隔，但明顯這裏較加連威老道繁盛時髦得多。圖中道路兩旁盡是服務遊客的店舖，如裁縫店、珠寶店、皮草店、找換店等等。此兩幀照片正好見證了尖沙咀旅遊業在五六十年代高速發展下，新舊交替的景象。

約一九六五年

百樂酒店。位於漆咸道與加連威老道交界，一九六〇年建成，在當年來說，百樂酒店屬一流西式旅館。圖片所見，酒店兩旁為雅致民居。在戰後五六十年代，這區多是高尚住宅，聚居了不少因逃避內戰而南來的上海人，因而附近開設了不少南貨店和上海菜館，供蘇浙同鄉暫解鄉愁。

一九七〇年代

加連威老道。圖中可見不少上海式店舖，如著名的同順興、新三陽、四五六等等。

KAISER
Restaurant
凱斯飯店
CHUEN
Restaurant
JACK MAN
TOURS
HIP TUNG BEAD EMBROIDERY CO.
Jacky Chow
JACK MAN BROS
LADIES & GENTS TAILORS
BAKERY
金華肉食公司
AC 2003

METRO
FEATHER

尖沙咀北京道

約一九三一年

從北京道近漢口道向東望。左面見當年十分著名的景星戲院，屬九龍區最早的戲院之一。此處在二戰前曾為日本人的聚居點，左方可見一間日本食肆和外牆的仁丹廣告，據說這些廣告往往內含玄機，所繪的人像看似尋常，實則暗中為日寇進軍提供路線指示，是耶非耶？姑妄言之，姑妄聽之，真相今天已不可考了。

一九四九年

由廣東道東望北京道。當時舉目都是街坊店舖，由於鄰近天星碼頭、火車總站和半島酒店，位置優越，故一九五〇年代後逐漸發展為重點遊客區。

郭興隆
海味
酒

一九五三年

漢口道與北京道交界。在二戰之前，「金必多」（Compradore）這稱號十分通行，代表外資公司華人買辦的意思，估計辦館業由此順勢借用作英譯名稱。一九六〇年代後，此英文用法已漸消失，幸留下此相片作為歷史見證。

約一九五八年

沿北京道向西望。從殘舊的戰前樓宇和左面的友生押店中，可見這裏是一般中下階層的住宅區，居民生活並不富裕，不過其中亦夾雜不少專為遊客服務的時尚店舖。遠方盡處的圍牆後面，即為廣東道九龍倉範圍。經過幾十年的發展，今天此處已成為全港最高檔的飲食娛樂和購物區。

佐敦道

約一九三五年

高處望向加士居道和佐敦道交界。正中可見建於一九〇六年的加士居道紀念碑，此碑是為紀念當年丙午風災期間於維多利亞港沉沒而犧牲的法國魚雷艇投石號船員而建立，所以又名投石號紀念碑。碑石多年來矗立於此成為了地標，當年甚至有十號巴士站以「紀念碑」作總站之名，一直至六十年代末因政府計劃擴闊加士居道才將此碑搬遷，和同樣與海軍艦艇事件有關，包括了一八四七年紀念維新塔爾號遇難船員，以及一八五五年英美合作於高欄島清剿海盜一役的另外兩座石碑，一同並立於跑馬地香港墳場內供人憑弔。圖右中一排房屋位於覺士道其前方是當時華人稀見的九龍木球會。投石號紀念碑原位置今天成為了圖右下拔萃女書院擴建後的一部分。

一九五〇年代

佐敦道與彌敦道交界的佐治五世紀念公園。此公園於一九四一年建成，但不旋踵，日寇侵港，此公園在戰爭中大受破壞。和平後展開復修工程，並於一九五四年完工，此照片攝於重開後不久的時間。

約一九六〇年

佐敦道碼頭東望佐敦道和廣東道一帶。右面巴士站後遠方是佐治五世紀念公園。拍照時正值農曆新年，故此候車人龍「打晒蛇餅」。當年過新年是一年一度的大事，圖中成年人衣冠楚楚，以最佳狀態去恭賀親友，與今天年輕人「過年有乜特別？」的心態形成了強烈的對比。

TERMINUS

瑞香園

約一九六八年

佐敦道近佐治五世紀念公園。人力車上的女士所穿着的裝束，為當年典型中上人家太太的打扮。左方可見金門麵包的招牌，此店乃香港最早的麵包連鎖店，由鄧氏家族經營，全盛時期的分店多達三十多間，與另一名牌「紅棉」屬兄弟店。該店於一九六〇年代在九龍區可算是無人不識。金門麵包店的經營手法是專門租用街角店舖，但只佔用兩面單邊的部分，其餘空間再分租。基於當年特殊的環境，這個做法幾乎是讓麵包店免租經營，同時又大收宣傳之效。一到中秋，售賣月餅所賺得的利潤已可抵銷全年的營運成本。可惜智者千慮，金門麵包店並沒有藉機自置物業，及至一九七〇年代，租金狂飆，該店艱苦經營，終消失於時代巨輪之下。

南京街

約一九五三年

彌敦道與南京街交界。圖右的泰林無線電，當年仍是一間小店；一九七〇年代大肆發展至連鎖型式，全盛時期約有分店十多間，執本港家電業牛耳達二三十載，一直經營至二〇〇八年，因市場環境改變而不支倒閉。

寶靈街

一九七二年

沿寶靈街向東望。圖中可見位於與官涌街交界的民樂戲院。

尖沙咀
佐敦

3

景點話當年

P.372

約一九三八年

遠眺尖沙咀天星碼頭，後方可見九廣鐵路火車總站和鐘樓。左前方為公眾碼頭，最左方大型船隻停泊處則為九龍倉的起卸橋，即今天的海運大廈。背景為港島東半山，當時仍然是光禿禿一片，只有東角一帶建有倉庫和工廠。煙囪所在是渣甸屬下的中華糖局，即今天的銅鑼灣京士頓街一帶。

九龍倉碼頭

約一九二〇年代

由西向東望九龍倉全景。

一九二〇年代

尖沙咀九龍倉。圖中所見為當年的起落橋之一，乘客與貨物均在此上落。一九六〇年代中，這裏改建為海運大廈後，整個地區起了翻天覆地的變化，一躍成為訪客必到的舉世聞名旅遊點。

KOWLOONGODOWN
141

約一九三五年

從兩個不同角度看九龍倉碼頭，當日這裏是遠洋航運的上落客貨匯集點，亦稱為起落橋，貨運客運均十分繁忙。圖片可見地上縱橫交錯的路軌，是為方便貨物運入九龍倉庫而鋪設，以今天看來，這裏有如貨櫃和郵輪碼頭的混合體。

一九四五年末

二戰結束後，來港受降和維持治安的英軍部隊於九龍倉碼頭登岸的情況。

一九五〇年代

從高空俯瞰九龍倉一帶，可見數列的運輸橋，這些橋樑實為客貨運碼頭。至一九六〇年代，圖中的起落橋被拆除，其客運功能被同位置新建成的海運大廈所取代。當年廣東道旁仍是一排排貨倉，後分別建成香港酒店和海洋中心。另一面的山丘上矗立着建於一八八一年的水警總部，今天被活化變成了頂級商場。照片中本是貨倉和民居的地帶，今天變成了舉世知名的的黃金商業地段。

尖沙咀火車總站和天星碼頭一帶

一九一〇年代

圖為剛建成不久，仍未有公共汽車行走的尖沙咀火車總站，故附近滿佈了人力車，當年為主要的交通工具。

一九三〇年代

至三十年代由於公共巴士已開始於九龍提供服務，天星碼頭一帶的人力車已明顯減少，但人流仍未見太多。及至二戰結束後，隨着尖沙咀的急速發展，作為此區的最重要地標和交通匯點，尖沙咀鐘樓一帶人流大增。

一九五〇年代

攝於英女皇伊利沙伯二世加冕慶典期間，明顯見到較戰前更熱鬧和繁華的景象。

尖沙咀火車總站

約一九五三年

從火車總站向西望。人力車的後方是九龍倉轄下的購物商場，至一九六〇年代中由霍英東牽頭的九龍置地公司改建為星光行，傳言後來因政治因素未獲提供電話，最後轉售予英資置地公司，問題才得以解決。

一九七四年

尖沙咀火車總站遷至紅磡前，於候車室內最後留影。由攝影大師翁維銓操刀，不只拍下了當年的民生實況，更充滿了光和影的美感，誠為攝影藝術巔峰之作。（翁維銓先生提供）

威菲路兵房

今天的尖沙咀警署原址

約一九〇八年

位於彌敦道（九龍羅便臣道）近柯士甸道的威菲路兵房。當年這裏的駐軍以印度籍兵團為主，其後信奉回教者於兵營內部分土地建成回教廟，原址位於山林道對面。及至一九七〇年代，清真寺因失修加上地鐵工程影響而被拆卸，後於一九八四年在彌敦道與海防道交界重建，原址成為了尖沙咀警署。

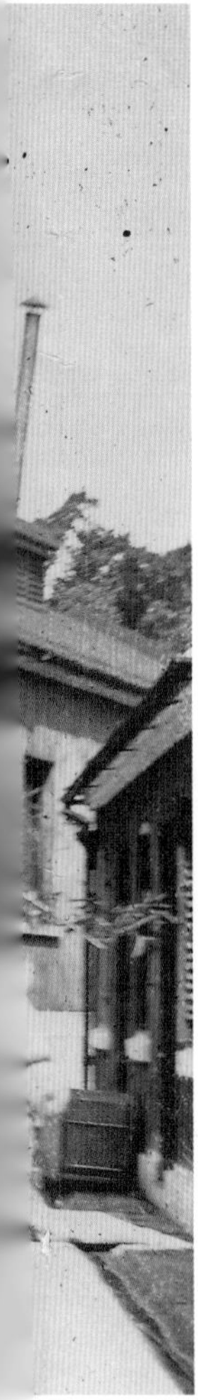

一九二〇年代

威菲路兵房內一眾照顧馬匹的馬夫留影。按相片背後註明，這些馬匹是供軍官使用。早年此兵營有大量印度人在此服役，故亦俗稱為「摩囉兵房」，直到一九五〇年代後期，仍有市民沿用此名稱。

Police Station & Post Office, Kowloon Hongkong.

尖沙咀郵政局

約一九一〇年

沿梳利士巴利道（舊譯）南望尖沙咀。右面的紅色平房為第二代尖沙咀郵政局，第一代郵局原設於九龍倉範圍內，至二十世紀初才遷至此處。火車總站啟用後，郵政局搬往對面，此平房改作消防局。其旁邊高處座落着一八八一年建成的水警總部，原本屬臨海建築，上面有第一代的時球台，早年負責為海上船隻報時。後來因為填海的關係，時球台改遷「大包米」，唯水警總部一直獲得保存，今天成為本港少有倖存而被成功活化的古蹟。

紅街市

今天的北京道一號原址

約一九一五年

由廣東道與北京道交界向西望。右面紅磚街市位置就是今天北京道一號大廈。早年這裏只有民居、街市和貨倉，誰能想到百年後的今天竟成為了聞名世界的商業地段？

一九三〇年代

廣東道及北京道交界沿北京道向東望。圖右是當年街坊俗稱的紅街市，今天成為了貴重商廈——北京道一號。

訊號山

此小山丘古稱「大包米」，因從遠處看來活像一包米橫放於平地之上，又因十九世紀時曾有一庇力乞洋行（Black Head Co）在此開設，故此地曾被直接譯名為「黑頭角」，小山亦稱「黑頭山」。

約一九二二年

從海上望向訊號山。圖片中所見山上的時球台，原設於附近的水警總部，以向海上船隻報時，至一九〇七年遷至此處。左面的建築物是今天仍保存原好的半島酒店。時至今日，時球台的部分設施仍獲保留，成為此古蹟的重要部分，供人憑弔。大包米旁近緬甸台一帶本名尖沙頭，但近百年來已被統稱為尖沙咀，原名反而漸漸被人遺忘。

一九三〇年代

從梳利士巴利道（舊譯）望向「大包米」時球台，山下建築物即黑頭洋行原址。

半島酒店

約一九二七年

從高空俯瞰尖沙咀，最大型的建築為當時剛開業的半島酒店。左後方北京道與漢口道交界的是著名的景星戲院；右邊的空置土地，曾於一九四〇年代和二戰後多次作為產品展銷和工展會場地，一九七〇年代建喜來登酒店，成為了尖沙咀的另一地標。

一九二〇年代末

半島酒店。當時剛開業不久，四周仍十分荒涼，旁邊的建築物為青年會（YMCA），即俗稱的西青會。

美麗華酒店

約一九三〇年代

尖沙咀彌敦道與金巴利道交界向北望。圖中三層高的建築物原屬教會物業，一九五〇年代計劃出售，金業巨子楊志雲獲悉後，在未有足夠資金的情況下毅然購入，並計劃興建新式酒店，最後獲得恆生銀號何添、何善衡等支持，建成設備一流的美麗華酒店，成就了一代酒店業大亨，直至一九九〇年代楊氏後人出售美麗華主要股權為止。旁邊較近鏡頭的樓宇曾為何東爵士的物業，於一九五〇年代拆卸，改建成樂宮戲院。

一九五三年

從美麗華酒店望向尖沙咀彌敦道以東一帶。圖左向東伸延的是金巴利道，向橫與其交界的是加拿芬道。望向海旁可見火車軌上的幾節車卡，對岸則是港島北角一帶。當年正值二戰後新舊交替的時期，相中可見幾所二十世紀初建成的樓宇，雖然已衰敗滄桑，但在外觀上仍可見它們曾有過一段光輝歲月，整個圖像顯現了香港戰後的特色風情。

約一九五七年

五十年代的美麗華酒店，是香港最豪華的純華資旅店。金業巨子楊志雲於一九七〇年代更購入何東爵士旗下的樂宮戲院並改建成酒店新翼，唯其裏面的商場則仍保留樂宮之名以茲紀念。

彩星集團大廈

一九四〇年代

星光酒店，為二戰前一間頗受旅客歡迎的平民化酒店，一九六〇年代改建為瑞興百貨，今天是彩星集團大廈。

BOOK CO.
NEWSAGENTS BOOKSELLERS STATIONERS
SING SHUN CO.

東英大廈

今天的 The ONE 原址

一九五〇年代中

近加連威老道口南望彌敦道。前方有鐘樓，金馬倫道口則是電話大廈，是當年該區最高的建築物。相片中下方的平房位置，於一九六〇年代中由何東爵士家族發展為商業大廈，取名東英大廈，乃取其夫婦二人名稱中的一字而命名。據傳何東爵士曾立下遺訓，指於死後特定時間內不得變賣；但二〇〇三年終被其後人於限期一過即於低潮出售，今天成為了尖沙咀的地標商場 The ONE。

重慶商場
今天的重慶大廈原址

一九五〇年代

另一角度從南向北望電話大廈。圖右為重慶商場，一九六〇年代由菲律賓蔡姓華僑改建為重慶大廈，原本是作為高尚住宅用途，而地契則作商住兩用。隨着尖沙咀的發展一日千里，陸續遷入不少賓館和各式工場，不同種族寄居其中；幾十年過去，終發展成今天有如小聯合國般的特色社區，成為香港的另類景點。

一九五三年

北京道東望彌敦道。遠方可見重慶大廈的前身：重慶商場。

前水警總部
今天的 1881

一九五三年

尖沙咀火車總站旁。圖左是九龍倉購物商場，一九六〇年代改建成星光行。後方小山丘上的是舊時球台和其旁的水警總部，今天被活化為成高級的 1881 商場和 Hullett House 酒店。

舊回教清真寺

一九五三年

彌敦道近海防道兩景。右方斜坡上是威菲路軍營範圍，遠處可見舊回教清真寺。清真寺於十九世紀末由英軍中的回教徒創立，故此建於軍營範圍之內，原本是座落於對正山林道的位置；及至一九七〇年代，建築物已甚為殘破，加上興建地鐵時結構進一步受損，最後被拆卸並搬至海防道旁現址，原址改建為警署，只剩古蹟圍牆幸獲保留。

一九五三年

圖中兩層高的樓宇位於海防道和彌敦道交界位置，六十年代中改建成海防大廈，隨着近年尖沙咀的高速發展，今天這裏亦成為了全港數一數二最貴重的商業地段。

裕華國貨

約一九六二年

彌敦道與佐敦道交界向北望。當年的裕華百貨座落於東面，近年已搬往對面馬路，原址現成為華豐大廈。照片中的車流未算繁忙，今天則已成為九龍區的交通樞紐。

前蘭宮酒店
今天的 K11

約一九六五年

尖沙咀蘭宮酒店。位於加拿芬道與康和里交界，雖然不如附近的總統酒店般高級，但在一九六〇年代時，已算是少有設備現代化的西式旅店，故深受歐美旅客歡迎。其二樓設有十分典雅清幽的咖啡座，端座其內一派悠然自得。至一九八〇年代，酒店重新裝修，並改名為新雅圖，唯格局完全改變。至一九九〇年代被納入政府重建藍圖，今天成為了 K11 商場的一部分。

油麻地原稱「麻地」。清代以前，漁民已聚居形成小村落，以榕樹頭一帶為中心，並常於此地曬麻纜。後來，隨着居民增加，小海灣逐漸發展為市集，以售賣桐油漁具為主，「油麻地」一名亦由是而來；又因油麻地地處海旁，方便運輸，故亦曾於二十世紀初年成為木材加工和集散地。油麻地旁有一座小山丘，開埠後被稱作皇囿，當年十分荒蕪，曾被用作英軍練靶場，亦曾作為處決海盜及就地收殮之所；二戰後由政府建成裁判法院、伊利沙伯和陸空醫院等一系列的公共設施。

油麻地

1

年代風貌

一九〇〇年代

油麻地海旁，當年的木材均於此處集散，照片中工人們正用簡單工具鋸開從外地運來的原木，以作裝飾和製作家具等用途。

約一九一〇年

在九龍京士柏一帶槍斃香港水域捕獲的海盜時留影，旁邊可見兩名正在監督的洋人官員。當年在此地行刑後屍體即被運到附近的何文田亂葬崗埋葬。至於早年在香港附近被清政府捕獲者，則一律交由大鵬協處理，部分在九龍寨城衙門審理、判刑後再送到東面海旁沙灘「斬立決」，行刑地點即為今天舊啟德機場與九龍城之間一帶。

一九二〇年代

避風塘舊影。當年的海岸線即現在的渡船街一帶。

一九三〇年代

從京士柏俯瞰西九龍一帶。前方為油麻地避風塘，不少漁民停泊漁船在此上岸補給，成為了此區的經濟命脈。例如當年上海街的金飾業極之興旺，同業店舖達一二十間，漁民是其中主要客源。北面堤壩盡頭可見兩座儲油罐，即為當日的亞細亞火油庫。

117

約一九三〇年

於彌敦道和文明里交界西望海旁。圖右為當年的青年會（YMCA）。左面可見一間售賣舊貨的日本店舖。在二戰前的一九三〇年代，各區曾開設了不少日資商舖或小店，較著名的有灣仔大佛洋行。其中不少是表面營商，實則潛伏從事諜報工作，預先組織漢奸集團，其中在淪陷前治安真空期期間，「勝利友」曾於九龍區四處搶劫，說不定圖左的店舖即屬該類日本間諜機構之一。

一九三〇年代末

沿廣東道北望。拍攝此照不久後的一九四一年十二月九龍淪陷前夕，英軍兵敗撤退往港島，九龍治安成真空狀態，市面出現一伙黑幫漢奸分子，自稱為日寇的先頭部隊，一面洗劫店舖民居，一面高呼勝利，居民稱之為「勝利友」；照片所見即為當年其中一個受災最嚴重的地方，更一度淪為鬼域，戰亂過後所見店舖大多無存。戰爭的可怕，非親歷者不能體會其萬一。

一九五三年

英女皇登基慶典，於彌敦道與窩打老道交界向北望。照片中正在進行花車巡遊，沿途可見為慶典而搭建的牌樓。左方兩層高的白色建築物為電話公司。圖中兩邊樓宇外牆上可見不少當日的名牌產品廣告，如四牛煉奶、益群肥仔水等等，在五六十年代可算是無人不知，如今卻已消失得無影無蹤了。

四牛煉奶

SHELL
Mobilgas
STOP HERE
STOP HERE

約一九五五年

彌敦道與加士居道交界。左面的塔型建築物是平安戲院，為當年九龍區數一數二的大戲院，與其對面的普慶戲院可算是一時瑜亮。一九五八年，平安戲院拆卸改建為平安大廈，附近的環境亦起了極大的變化。照片中極目遠望未見一幢多層大廈，九龍山脈清晰可見，一派的恬靜悠閒，相比今天的參天巨廈，繁華喧鬧，確實是有霄壤之別。

一九六〇年代

從海上望向大角咀一帶。左方所見的儲油罐位置是亞細亞火油庫。

約一九六一年

從油麻地避風塘向南望，當年尖沙咀南端仍未見海運大廈。

2

舊日街景

油麻地廟街

一九二〇年代

二十年代的廟街，兩旁典型的街坊小店，全部招牌清一式中文字，與尖沙咀一帶的中英夾雜，大相逕庭。

一九五〇年代

沿廟街向北望。前方橫亙的是南京街。這一帶當年是「三行」的集中地，街上可見各式各樣的裝修和家具公司。

油麻地加士居道一帶

一九五〇年代中

從彌敦道近加士居道向南望，圖中横亘者為甘肅街。

一九五三年

為慶祝女皇登基，於彌敦道與加士居道交界架設的大型慶典牌樓。圖左為當年十分著名的平安戲院，與遙相對望的普慶是九龍區的兩大戲院。當年這一段彌敦道的交通仍然十分疏落。

約一九六五年

為慶祝英女皇壽辰舉行閱兵儀式，駐港英軍巡遊隊伍途經加士居道時留影。背景為當時開辦不久的伊利沙伯醫院。

10
92
BF
57

油麻地

一九三〇年

九月廿六日油麻地華人社區發生騷亂，英軍荷槍實彈到場鎮壓，事發時由其中一名英兵拍攝此照片。圖中可見的上海街遠方人群聚集，地上一片淩亂，此次事件資料少有提及，但從圖片顯示，加上要出動英軍，相信當時情況實際上是非常嚴峻。此照片加上背後由當事人敘述文字，正好補充了部分歷史的空白。

約一九三五年

上海街與窩打老道交界。右邊可見位元堂老舖，八十多年後的今天，雖然物換星移，但此老字號仍能在相同位置開業，確是十分難能可貴。

又生公司足頭
森記足頭

約一九五三年

從上海街與北海街交界向北望。一九五〇年代這裏商舖林立，加上是來往九龍南北的交通孔道，又是傳統華人聚居之地，故人流和商業都十分興旺，較彌敦道有過之而無不及。但自一九七〇年代起，九龍區整體急速發展，開始有大量多層商廈興建於彌敦道上，整個商業重心開始東移，而隨着彌敦道成為了九龍交通的主幹道，加上附近社區漸漸老化，近年的上海街已繁華不再，呈現一片垂暮景象。

一九五三年

上海街與佐敦道交界向北望。當日的上海街較彌敦道更繁盛興旺，民居非常密集，亦是九龍區的主幹道。圖中可見出殯巡遊隊伍正途經此處。

昇昌大押
昇昌大押

3

民生話當年

食

約一九三〇年

由廣東道與甘肅街交界沿甘肅街向東望。圖右可見戰前名噪一時的新金山茶樓，此食肆一路興旺至一九六〇年代，是當年令

是近年已由[illegible]市了。

約一九五五年

油麻地彌敦道的大華戲院和其旁的太平館餐廳。

Yau Ma-ti Market, Hongkong.

住

約一九一二年

油麻地街市。這裏是傳統華人社區，亦是相對較窮困的區域，圖中所見多為兩層高樓房，與香港島中西區傳統的三層建築並不一樣，雖然只是一海之隔，但明顯是各有其地區特色。

一九五〇年代

油麻地碧街。當年仍未進一步填海，故不遠處已是海邊。這裏是當日的中下層華人社區，照片中呈現了一派典型的五六十年代街坊風情。

酥皮層
點點出爐

生活／消閒

一九三〇年代

彌敦道與甘肅街交界的平安戲院全景。單從外型觀看已可感受到它的氣派不凡，與其斜對面的普慶戲院，是油麻地區的兩大娛樂場所。

一九三〇年代

油麻地彌敦道上的送葬隊伍。照片右面可見平民百姓正在「踎」已消失的傳統大牌檔。

約一九三二年

從彌敦道近加士居道向南望。左邊可見古色古香的第二代普慶戲院。照片中可見往來汽車絕少，途人更能與愛犬在彌敦道上追逐，今天看來確實是不可思議。

一九五一年

油麻地眾坊街的光明戲院和相連的第一新戲院，當時正在上映吳回導演、張瑛主演的《福至心靈》。此兩戲院的設施相當簡陋，夏日置身其中恍如身處桑拿浴室，但當年民生困乏，欠缺娛樂，能欣賞一套電影已是無以上之的享受，街坊均甘之如飴。這裏今天成為了油麻地賽馬會診所。

一九五四年

彌敦道與亞皆老街交界。右面可見邵氏電影公司屬下專放映粵語片的新華戲院。圖中建築地盤正在重建為上海商業銀行大廈。

約一九五四年

從界限街南望花園街。遠方為京士柏一帶，左方的兩儀軒藥行於一九五〇年代從廣州遷港，是少數今天仍在生產的老字號中成藥店。

約一九五五年

從彌敦道與加士居道交界向東望。左方高處為今日仍在的循道衛理九龍堂。右方可見普慶戲院後門。遠方可見古色古香的舊拔萃女書院，與今天的多層建築校舍相比，總有新不如舊的感覺。

集體回憶

約一九六二年

彌敦道近加士居道向北望，右面可見第一代彌敦酒店，屬陸海通集團旗下，在當時可算是最高級的華資旅店之一。左面的平安大酒樓位置，原為平安戲院，至一九六〇年代改建成平安大廈，當日油麻地區探長陳某，每朝必在此處「嘆早茶」順便「放風」，不少記者每早也在此恭候，故舊日記者界有：「如欲『收料』，香港去灣仔『敏如』，九龍則要去油麻地『平安』」之説。

大酒樓
7up
4196

旺角古名芒角，以其地形如牛角向海上伸出，加上芒草叢生故而得名。一直以來此地均為傳統村落，居民多以種植蔬菜為生，西洋菜街和通菜街等名稱即反映了這裏初期的狀況。九龍割讓後，英國人開始發展西面沿海一帶，名稱亦由芒角改為旺角，並開展了一系列的填海工程，加上避風塘的設立聚集了大量人流，從而帶旺了整個地區。隨着二十世紀初田地逐漸被填平，旺角漸被發展成為小型工業區，黑布街、染布房街、洗衣街這些街名均標示了當年該地所經營的行業，其中煙廠街所在更曾座落着巨大的東方煙廠，一度成為了旺角的地標。二戰之後隨着本港的經濟發展迅速，一九六〇年代起彌敦道沿線商業活動更是一日千里，時至今日更成為了舉世聞名的黃金地段。

旺角、太子

1

年代風貌

約一九二九年

九龍塘花園城。這裏於一九二〇年代初由英商義德牽頭發展，希望建設成一個別墅住宅群，以英國小鎮為藍本建構清靜綠化小區；該計劃原打算興建二百間以上的房屋，街道亦冠以英國各郡名稱，如約克、森麻實、金巴倫等等，但在發展未及完成義德便告破產，餘下部分最後由何東爵士接手完成，因當日港府批出地契是以整個花園城項目為基礎，故後來雖然多次有個別業主申請補地價重建高樓，均不獲批准。圖片中所見為花園城內的標準洋房，今天已是所剩無多，相信很快將會被歷史洪流完全淹沒了。

約一九五三年

從高處望向彌敦道近豉油街一段。左面可見龍鳳茶樓，但右邊卻未見其「死敵」瓊華。其他地標如麗斯戲院和皇上皇，亦一概未出現，四周環境仍甚冷清，與一九六〇年代的熱鬧境況大不相同，與今天相比更是有着霄壤之別。

一九六三年

英女皇壽辰巡遊途經界限街的軍車。

2

地標依舊

瑪利諾修院學校

一九五〇年代

窩打老道上的瑪利諾修院學校。建築物外型與今天分別不大，但前方的交通卻明顯較今日恬靜得多。（鄭志衡先生提供）

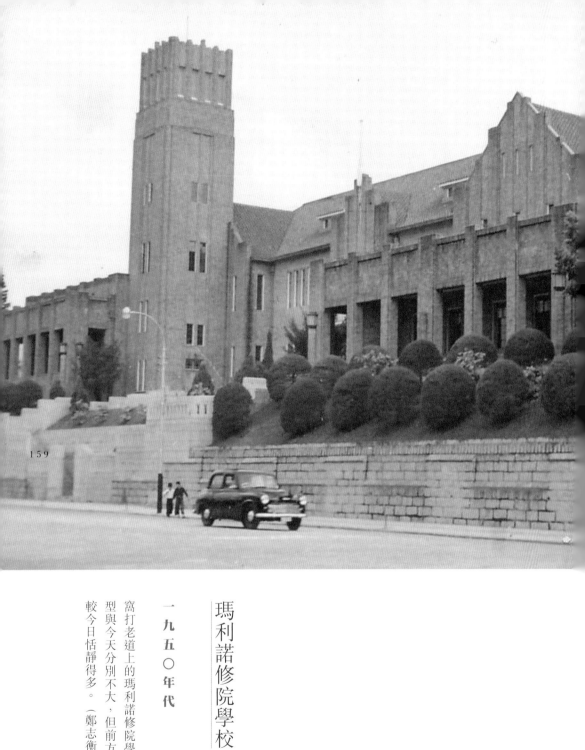

聖德肋撒堂

約一九五五年

太子道近窩打老道望九龍城方向。左方可見今天仍屹立在此的聖德肋撒堂，右面是疏落的兩層高別墅式樓房，一派的恬靜悠閒，充滿了一九五〇年代特色風情。

中華電力總辦事處

一九五三年

照片中樓宇屬中華電力旗下物業，是位於亞皆老街的前總部大樓，當年為慶祝英女皇伊利沙伯二世加冕而掛上慶典裝飾。此建築物今天仍矗立在原地，被擬議為一級歷史建築，屬此區故舊建築罕有的倖存者。

胡社生行

約一九六八年

彌敦道近山東街的胡社生行。當年此建築物為旺角區最高的樓宇。頂層設有狀若飛碟的仙后旋轉餐廳，屬本港首創，轉一圈需約一小時，安坐其上可飽覽九龍全景，確是至高無上的享受，雖然下午茶只是十元八塊，但當年一般市民生活並不豐裕，大多阮囊羞澀，對此種高級玩意多數只能望門輕嘆了。

胡社生行
新興大廈
分層租售
分期付款
萬隆大廈

3

昔日風情

經售故衣舊物

一九四五年末

從高處下望上海街，拍攝位置靠近山東街。圖中可見經售故衣舊物的地攤，二戰時此類攤販特多，衣服來源很多是從死者身上直接取下，國內水客購入後再帶往廣州甚至回鄉轉售，不少人包括筆者親屬，亦藉此而倖免餓死。今天同一地點已成為了旺角最大型的商場：朗豪坊。

老店情懷

一九五三年

英女皇加冕慶典另外一景。由彌敦道近山東街向北望，圖右遠處可見當年以冬天賣臘味、夏天賣雪糕而馳名的皇上皇。

彌敦
百貨公司
NATHAN
可口可樂
Coca-Cola
Zodiac
典大冕加皇英祝慶會
HK1868

一九五〇年代

旺角彌敦道近山東街兩景。圖片中可見左方的龍鳳和右方的瓊華茶樓，當年她們是此區主要的競爭對手，由日常的一盅兩件鬥到過時過節的應節食品，其中最著名的就是中秋節時的「出位」裝飾。特別是龍鳳外牆上，高掛的諷刺時弊巨型廣告畫更是膾炙人口，遠至港島的居民亦爭睹為快。

龍鳳大茶樓

約一九六五年

山東街彌敦道交界。照片中可見這對門足一世的歡喜冤家：瓊華和龍鳳。瓊華、龍鳳當年可說是一時瑜亮，可惜最後均難敵七八十年代的地產狂飆，終為時代所淘汰。今天這裏成了全港最旺、租金亦最貴的地段，懷緬往日舊式茶樓的情懷，只能往夢裏尋了！

新雅大酒店
SUN YA HOTEL
RITZ

海化大周
海化
海味雜貨

露天市集

一九六〇年代

旺角近廣東道的露天市集，當年汽車流量仍不算多，故能在車路中心搭成攤檔售賣貨物，今天來説確實是不可思議。

學潮貢獻

約一九六五年

亞皆老街東望。圖中可見與書院道交界的經緯書院，一九六三年聯合書院的一場學潮後，中文系主任陳湛銓牽頭成立「經緯」，其追隨者包括書法名師馮康侯，營運時間雖短，但卻訓練出不少國學人才，在缺乏專上院校的一九六〇年代，為本港培育國學人才作了重大的貢獻。

經緯書院

東九龍在這裏包括了紅磡和以東直至將軍澳的一大片土地。自十九世紀中業黃埔船塢創立以來即主宰了紅磡的經濟命脈，居民一半以上為船塢的工人或家屬，區內不少街道如曲街、寶其利街、溫思勞街等均以船塢高層的姓氏命名，一直持續至二戰後情況才有所改變。再向東面是土瓜灣和九龍寨城一帶，本為傳統的鄉村小鎮，因南宋末昺、昰二帝曾避秦於此地而聞名。今天發現的宋代古井，即與此段史實有着重要的關連。清代時九龍城原屬於大鵬協轄下，並長期設置衙門和官員管理。中英簽定《展拓香港界址專條》後，本按協議清廷官員仍有權駐於寨城之內，並利用附近海旁龍津碼頭進出，但最後卻為英人借故驅逐，造成了寨城內所謂「三不管」的情況達數十年之久。及至一九四〇年代淪陷時期，日寇為擴展啟德機場跑道而將宋王古蹟聖山移平，今天只獨留一塊孤石置於原址西北面的宋王臺花園內，以供憑弔。

東九龍

1

紅磡
九龍城
啟德

一九二〇年代　九龍城全景

相中可見不少二十世紀建成的混凝土樓宇，大部分皆屬於一九二〇年代啟德濱的發展區域。於中間呈尖形山頂的為白鶴山，上面城垣仍隱約可見，其附近仍保留着原始農田和村舍狀態，這一帶即為當年的九龍寨城範圍，相較近海旁的新式樓宇，兩者有着強烈對比。

約一九〇五年　土瓜灣

土瓜灣心光盲人院由德國女傳教士布絲樂創辦於一八九七年。一九一〇年建成圖中房舍，內設五十個宿位，初期只接收失明女孩並為她們提供食宿和教育，直至一九一〇年才因擴展服務而搬往港島薄扶林，是本港首間為失明青少年提供特殊教育的機構。

Die Chinesische Blindenschule Tsaukwong in Kow

一九一〇年代　紅磡海旁

右面建築群為建於一八九八年的青洲英坭廠，此廠原創辦於澳門，十九世紀末與黃埔船塢一同參與紅磡填海計劃並遷廠於此，兩者均為此地區的經濟命脈，對香港的建築業乃至經濟都有重大貢獻，一直經營至一九八〇年代末，被和黃集團全面收購，最後淪為旗下另一地產項目。

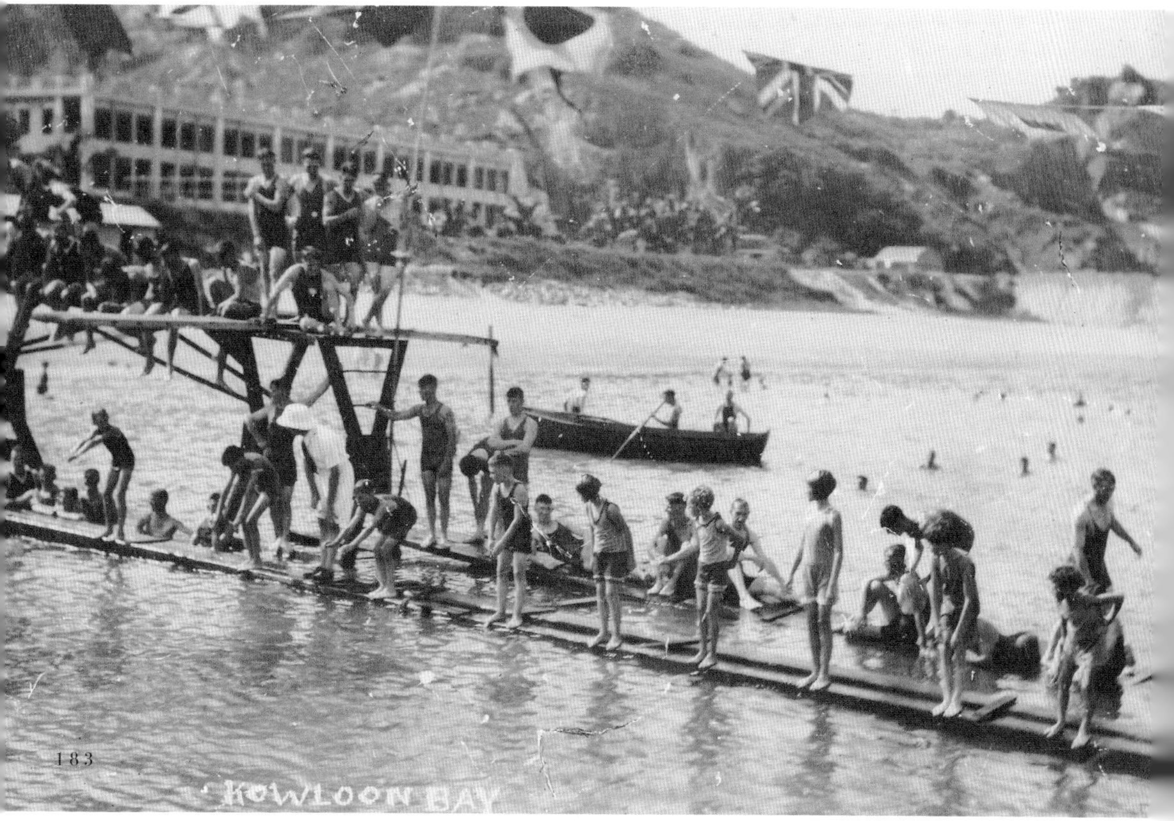

一九三〇年代
東九龍近紅磡一帶
海上泳池

當年這裏的水質仍佳，又比較靠近市區，故不少市民每喜到此海浴，直至戰後此一帶成為工業區，環境被污染後泳客亦從此絕跡。

一九三〇年代
東九龍一帶

照片所見，除九龍城近海一帶有較多樓宇外，其他均仍是農地村落，遠方牛頭角和觀塘等地更是荒蕪一片，若與今天對比，如非山峰依舊，確實很難令人相信兩者是同一地點。

一九五〇年代 紅磡一帶

漆咸道。相中的大型天線屬香港電台所有，其後面一帶是一九五三年建成的香港工專，一九七〇年代成為理工學院，一九九〇年代再升格為香港理工大學。

約一九五五年

從何文田山腰向東南遠望土瓜灣。當日這裏仍然相當荒蕪只存在疏疏落落的幾間工廠。正中建築物位置是今天四川街與下鄉道交界，後方可清楚見到仍未鏟平的大環山。

Kowloon Dock Kowloon Hongkong.

黃埔船塢

一九一〇年代

從紅磡望向黃埔船塢的景象。（鄭志衡先生提供）

約一九一五年

圖中所見行人和人力車行走中的是漆咸道。正面遠方為紅磡市區，左面是中華電力於一九〇六年興建的發電廠。

約一九一五年

當年黃埔船塢全景。九龍割讓後，紅磡村能於短時間內由小村落發展成市鎮規模，一切全賴一八六三年建立的黃埔船塢，因此區內不少街道如曲街、溫思勞街等均以船塢高層人員姓氏作命名。圖中可見當時大環山仍未被移平，後經多番填海擴展，這裏今天成了大型住宅區：黃埔新邨和黃埔花園。

聖山／宋王臺

約一九〇〇年

當年的侯王廟，此廟是為紀念南宋末年忠心守護昺、昰二帝南逃至官富場（九龍城）的國舅楊亮節而立，傳說當年楊氏病逝於九龍，死後被追封為侯王，故村民冠以侯王廟名稱。此廟元朝時已見記載，原來只是茅舍式建築，至清雍正年間重建後才初具規模，後曾多番修繕；侯王廟與宋王臺一帶近年發現的古井古蹟，同時見證了南宋二帝避難九龍這一段重要歷史。

HONGKONG. CHINESE TEMPLE IN THE

約一九二〇年

九龍城聖山和其上面的宋王臺，相傳此地曾為宋末昺、昰二帝的避難之所，故而得名。圖中山腳下的小溪是馬頭涌，二三十年代時此地為郊遊之所，亦曾為文人聚會以詩文會友之地，唯二戰期間因日寇欲擴建啟德機場而炸毀聖山，大石被炸成數塊，馬頭涌亦被填平，只空留地名以供憑弔。直至戰後一九五〇年代，經街坊要求將大石中刻有文字的部分重置於西面空地，並開闢為宋王臺花園以作紀念。聖山原址一帶，多年來都成為遠東航空學校，亦即今天飛行總會所在的位置。

約一九三〇年

這裏原為海旁的小山丘，相傳宋末昺、昰二帝曾於圖片中的大石後面避過元兵追殺，故此處亦稱宋王臺。但實情是二帝確曾避難於此區，宋軍在土瓜灣登陸後，以馬頭涌作為水源，並駐守於今天九龍城近海一帶，即早前發掘出古井的地方；但當年在元兵到達前，二帝已轉移他處，故避難大石後面之說其實只是穿鑿附會，反之宗室作為暫居之所的二王殿村，卻是有跡可尋，位處今天的播道醫院後面，即現時馬頭涌官立小學的位置。

約一九三〇年

從九龍城聖山西望何文田和窩打老道山。當時的土瓜灣馬頭圍一帶仍然荒蕪一片，前方只見三數學子正在打球，正面的何文田展露着今天已不能看見的山勢，右方一輛孤伶伶的巴士正在向九龍城進發之中。

九龍寨城一帶

一九一〇／一九二〇年代

九龍城兩景。照片中可見雖然兩個年代相差最少十年以上，但白鶴山附近一帶仍保留着寧靜的鄉村狀態，照片中仍可清楚看見山腰上延伸着九龍寨城的城垣。情況一直持續至日寇侵港之後，城牆被毀，民居遭霸佔，本來安居樂業的村民亦轉眼淪為流離失所的難民，被逼度過了三年零八個月的悲慘歲月。

KOWLOON CITY
180

一九二〇年代

從九龍城砦入口望向接官亭。一八九九年中英訂立香港展拓界址專條後，界限街以北被英國租借，為期九十九年，惟條約訂明，九龍寨城仍由大清管轄設有衙門供官員駐守，並設碼頭和通道供相關人士進出城砦，亦即著名的龍津石橋和碼頭。圖片中所見即為進出石橋的牌樓俗稱「接官亭」。因當年這裏是本港比較有特色的區域，附近有不少名勝例如聖山和侯王廟等，故吸引了不少遊客到此，成為重要的旅遊景點，照片中即可見到牌樓傍正有衣冠楚楚的外國旅客在遛達和不少攤販在聚集。一九二〇年代因啟德濱發展計劃進行填海工程，接官亭被拆除，但龍津石橋擴建部分仍然被使用，一直至四十年代日寇擴建機場，石橋才深埋地底，隨着近年新基建項目進行，石橋才再被發現，並能重見天日，作為古蹟受到保護。

一九三〇年代初

九龍寨城。當年曾在此處取景拍攝大型電影，剛被途經的英國遊客拍下此照，留下了難得的歷史見證。

約一九五五年

近鏡頭為亞皆老街與太子道西交界，圖中可見當日的九龍城巴士總站。左方周生生金舖座落的是龍崗道口，右方西南木園則是位於與城南道交界；後方所見的小丘為白鶴山。

周生生金行

啟德

約一九三〇年

九龍城啟德濱一帶，正面海上見一橋，即為龍津石橋。一八九八年清政府與英國簽訂《展拓香港界址專條》，將新界和香港附近海島租借英國為期九十九年，唯訂明九龍寨城為中方管轄區，並保留城內衙門和官兵，同時准許中方官員利用附近的龍津石橋上岸取道進出寨城。但至一九〇六年英兵藉故將清人員驅逐。此橋接岸處原有一牌坊，拍此照時已因建築啟德濱而被拆去。至一九二八年，圖中海灣部分被進一步填海興建啟德機場，石橋亦隨之淹沒，可幸最近因發展舊啟德範圍而再重見天日，據聞未來將會與附近的宋元古井一併被重點保育。

約一九三五年

從高空鳥瞰啟德機場。此照片是由皇家空軍拍攝的檔案照，當年的啟德仍十分簡陋。左方可見建於一九一九年的聖約瑟安老院，本名小梅村，此物業由安貧小姊妹會擁有和管理，屬富商陳賡虞的別墅。一九二三年陳氏死後以十一萬元轉售，直至二〇〇〇年才再被出售作地產項目，唯主樓獲保育，今天仍矗立於牛池灣上。

一九四五年

從飛機俯瞰啟德機場。當時二戰剛剛結束，機場上滿佈被戰爭破壞的痕跡，圖片上方可見被炸毀但未移平的聖山，清水灣道（後改太子道東）上空無一車，四周荒蕪一片直如死城一樣。

約一九四〇年代末

從高空俯瞰啟德機場一帶全景。正中可見九龍寨城內的白鶴山；當年的跑道仍是由新蒲崗一帶向聖山伸延，圖片所見黃大仙、上下元嶺和鑽石山仍舊處於鄉郊狀態，九龍灣亦只是初見填海；相比今天，此地的變化亦只能以翻天覆地四字才能形容了。

約一九五八年

從高處俯瞰啟德機場一帶。圖中可見向九龍灣伸展的機場跑道已建成，右下方的黃大仙徙置區亦已存在，遠方土瓜灣亦有不少多層樓宇，但近鏡頭新蒲崗一帶卻仍是一片鄉村景象，故相信拍攝日期應為跑道搬遷前後的一段日子。

一九五〇年代初

啟德機場全景。圖片中所見當年的機場仍是非常簡陋，遠方的新蒲崗和牛頭角只見疏落的房屋，土地發展仍是相當有限。圖左的機場跑道當日是從西南向東北伸展，部分並越過清水灣道（即今日太子道）；故當年每架飛機升降，馬路便要關閉遷就。直至一九六〇年代空中交通愈趨繁忙，為擴展機場而填海興建向海新跑道，騰出空地除興建客運大樓外，末端位置亦發展成新蒲崗工業區，成為六七十年代本港工業起飛的重要動力之一。

一九五〇年代

從高處俯瞰皇家空軍基地。其中的主樓今天仍獲得保留，改變用途成為了提供家庭服務的明愛向晴軒。

2

鑽石山
黃大仙
新蒲崗等地區

一九七三年　慈雲山

從慈雲山下望九龍各新區。左面近鏡的是慈雲山廉租屋，往下可見竹園和再下的黃大仙徙置區，其右面再遠處是東頭村；略右一片空地乃摩士公園，再向右便是橫頭磡和其南面的樂富。這裏所見亦是我們所稱的獅子山下，在不甚富裕的年代，除給予升斗市民一個安身之所，更標誌着守望相助團結奮發的精神。

一九四五年　新蒲崗

二戰後英軍重佔香港，在新蒲崗附近一帶設立供空勤部隊暫駐的臨時兵營。圖左上方可清楚看見獅子山。

一九五〇年代　鑽石山

元嶺村，屬九龍十六村之一，位處斧山與鑽石山之間，與大磡村相鄰。一九四九年國內政權轉移，不少難民逃港避難，因無處容身故部分在此搭建寮屋而居，逐漸形成了一個大型的寮屋區。圖中所見即為該區居民提供聯誼的地方。至一九八〇年代起寮屋陸續被拆遷，加上附近志蓮淨苑的改建，大老山隧道開通，地貌徹底地改變。舊日元嶺，即今天南蓮園池和荷里活廣場一帶。

一九五〇年代　調景嶺

調景嶺東北方的茅湖山廢堡。此堡壘建設時間不詳，但從物料和風格看來，應為清末建築，當年作用在於監察和守護航道，與東龍島和鯉魚門的相類哨站遙相呼應。及至一九五〇年代，原國軍難民被安排遷離摩星嶺搬至調景嶺，並建立了自衛隊，此碉堡亦再度成為監控附近一帶的要塞。照片中廢堡上漆上青天白日滿地紅旗，充分反映了當年的時代特色。

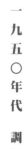

約一九五五年　調景嶺

調景嶺全境。這裏原為荒山一片，只是世紀初之時曾有一加籍商人在此開設麵粉廠，最後以失敗投海自盡而告終。至一九五〇年代初，國軍於內戰中失利，數千軍隊和眷屬逃港暫居摩星嶺，至一九五〇年中有鑒於衞生和安全問題，加上六月分左右陣營一場衝突的催化，港府決定把一眾難民遷至調景嶺任其自生自滅。圖中所見當年社區雖只屬草創階段，但亦可算是初具規模，教堂、學校、球場、碼頭均已建設，對當年流離失所的難民來說，這裏已可算難得的安身之所。

一九六〇年代初
黃大仙下邨

照片正中為沿尚德街向南望，此街今天已不存在，近鏡左右分別是第十五座和第十六座，盡頭處是第二座，再往前已是新蒲崗工業區。縱使此等七層大廈設備簡陋，單位內廚廁欠奉，但對當年遍佈九龍山邊的木屋居民來説，能有幸上樓搬至這裏居住，就真的有如置身天堂一樣了。

一九六五年　黃大仙

從高空俯瞰獅子山下徙置區全景。正面一列為黃大仙下邨二至六座，斜向最近鏡頭的是一和廿五座，以及後方的十一至廿四座。遠方所見是橫頭磡邨，其左旁是舊稱老虎岩的樂富。這些新區以今天的角度來看是非常簡陋，但卻為貧困家庭提供了安身立命之所，並成就了不少發奮向上白手興家的故事，孕育出香港人的核心價值：獅子山下精神！

一九七〇年代　秀茂坪

秀茂坪邨。圖片中所見為當年俗稱的「新區」，相比起一九五〇年代建成的七層徙置大廈，設施有了重大改善，能入住此類公屋，在六七十年代對升斗市民來說就好比中了馬會的小搖彩。圖右為已拆遷的宣道會宣基小學，背後為秀茂坪四十和四十一座。

深水埗亦名「深水莆」，據記載早至清代初年已有人聚居。埗頭是指碼頭的意思，顧名思義這裏開埠前亦是一個船隻往來頻繁的碼頭。英國政府按中英《展拓香港界址專條》而租借界限街以北的新界地段之後，深水埗和荔枝角一帶才正式進入發展階段；隨着大埔道的開通和填海工程完成後，居民增加，深水埗和長沙灣亦由鄉鎮漸次蛻變成半市區狀態。一九二〇年代末英軍進駐新填地並建立了南京和漢口兩軍營，更進一步帶動了整個地區的發展，本節內不少珍貴圖片正好見證了此段歷史。至於本來屬郊區的荔枝角則及至二戰之後，因美孚油庫和荔園的成立，地區才略見規模，直到一九六〇年代美孚新邨落成，原來的郊遊熱點亦搖身一變成為了嶄新的衞星城市。

西九龍

1

深水埗
石硤尾

深水埗警署

一九二七年

深水埗警署與早年駐港英軍所在的南京和漢口軍營遙相對望，日侵時期曾被用作日寇指揮部，監控着用作拘留英軍戰俘的深水埗軍營。拍攝此照者為一九二七年首批進駐漢口營地的英兵，初來步到閒來無事即拍攝下此歷史景象。

深水埗海旁/軍營一帶

一九三〇年代初

深水埗軍營全景。此軍營建於一九二七年，分為南京營和漢口營兩部分，正中的租庇利大樓為軍營主樓，日侵時期曾被改用作羈留英軍的集中營。後方所見是昂船洲。今天這裡是深水埗公園和麗閣邨一帶。

227

約一九三四年

深水埗海旁的漢口軍營。圖中所見英軍正在列隊準備參加英皇喬治五世壽辰慶典。右面是數輛當年剛投入服務不久的九巴。

一九三四年

深水埗近軍營附近，為駐港英軍途經軍營時捕捉的情景。當年升斗市民難得溫飽，遑論享受娛樂？故小孩只有以水氹作泳池而自得其樂。觀乎今天物質充裕的我們，實應感激前人為我們努力而達至的成果。

一九五三年

深水埗欽州街和汝州街交界。右方牆上的「何濟公止痛唔駛三分鐘」廣告句語，相信不少中年以上讀者仍記憶猶新，這深入民心的廣告，可算是五六十年代基層地區的特色風情。

一九五三年

深水埗九江街一景。因地處海旁又鄰近碼頭，交通運輸方便，加上位於市區邊緣，故此一帶設有不少倉庫，圖中的廣祥興棧，以今天的標準來說應該算是個危險倉庫。

廣祥興棧
洋硝 硫磺 銀粉 赤燐 煤石 田料
陳炳記柴炭
8818

活在深水埗

約一九三二年

當年典型的街坊陋店，右面遠處隱約可看見聳立着的獅子山。

約一九五七年

青山道近營盤街。照片中遠近分別可見兩間金門麪包店，此店與另一名店紅棉麪包屬同系，創辦人為民國時期廣東海軍將領鄧萃功，其父則為國民代表大會廣東代表鄧青陽。一九六〇年代「金門」大肆擴展，最高峰時門市達三十多間，更開辦工廠和餐廳，當日在九龍區可算是無人不識，盛極一時；可惜一九七〇年代隨着本港經濟起飛，租金大幅攀升，加上大財團參與競爭，金門本身的經營手法又流於保守，最終一代名店亦無奈地消失於時代巨輪之下。

招生

一九六〇年代

深水埗北河街與福榮街交界向北望。這裏右邊鏡頭外是北河戲院，與圖中的裕華國貨隔街相對，當日此處是整個深水埗最繁盛的地方，單看照片中逼滿整條街的小販已可感受得到；沿街盡望是石硤尾一帶，聚居着不少因逃避戰禍而來的難民，在人浮於事的年代，這裏養活了不少無助的家庭。

住在深水埗

一九三〇年代

深水埗區兩景。照片中可見當年的深水埗仍然是處於發展初期，四處仍有着不少土地荒置，樓宇建築風格是揉合廣州唐樓加維多利亞式風格而成，乃香港的獨有特色。今天此類建築物仍有一幢矗立於欽州街上，雖然十分破落，但卻見證着幾十年來深水埗區的變遷。上圖後方的山丘，在二戰後的一九五〇年代被移平，後建成李鄭屋邨，施工期間意外地發現了漢朝古墓，是本港其中一個最重要的歷史古蹟。

一九五三年

深水埗沿北河街北望，這裏當年已經十分熱鬧，雖然只是普通的住宅區，但卻見金舖食肆林立，照片中可見當年這裏的屋宇大部分都是舊式唐樓，高度有限，故遠方的獅子山仍清楚可見。

美酒
天津
酒
萬成泰白米
萬成泰白

一九五六年

雙十暴動期間英軍於深水埗嘉頓麵包公司門外執勤，照片中可見暴亂過後被焚毀的汽車，和熏黑的外牆。遠方搶眼的是欽州街上金門麵包招牌，當時的金門可以算是九龍區最大的連鎖店，高峰期分店達卅多間，單深水埗一帶已經有五間以上，唯不進則退，最後難敵時代洪流，於七十年代漸次消失。

約一九六二年

石硤尾街聖堂芳濟各堂門外，當日正值舉行西式婚禮。遠方可見中央飯店招牌，酒樓開設於東廬舍大道廈之內，東廬大廈原址為深水埗皇帝黃耀東名下的東廬別墅，黃耀東以經營商業致富，二十年代在深水埗大量購入並發展土地，成為此區最早的地產發展商，並興建碼頭和醫局，造福社區，政府以其貢獻於英皇喬治六世登基時獲頒勳章，以作獎勵。東廬原址較東廬大廈更大，只佔當日別墅部分土地而矣，中央酒樓以東江菜馳名，五十年代已在此開業，原來由中央的士公司老闆胡忠（胡應湘之父）開辦，胡身後轉手，經數番轉接有幸仍能一直經營直至今天，繼續為街坊服務。

石硤尾徙置區

約一九五八年

一九四〇年代末因國內戰亂關係，造成不少人避難香江，因無棲身之所而在石硤尾山邊一帶建木屋而居，一九五三年的一場火災，大部分寮屋被焚毀，居民流離失所，政府有鑒於此，即決定於石硤尾興建多層徙置大廈以安置災民。這十二幢大廈當年由昌利建築公司承包，以兩個半月時間建成，為六萬災民提供住所。此等七層大廈雖然簡陋，但對災民來說已算是天堂一樣；後來亦成為香港公共房屋政策的里程碑，從此踏出了寶貴而重要的一步。照片中可見沿白田街近窩仔街向東北望，左方是E座，前方小山丘上是街坊俗稱的「三舊石」。

一九六六年

沿巴域街近南昌街向西北望。右面是一九五三年石硤尾大火災後，於一九五四年興建的石硤尾七層徙置大廈，後經三次重建成今天的美山樓，左面的聖公會聖多馬堂，現今仍在，外型亦無甚改變。遠方見和興大押，經營至二〇一四年才結業，但亦見證了這裏半世紀的變遷。圖中的送葬隊伍正舉行路祭，陣容鼎盛，當年屬常見之舉，但至一九六七年中起，基本上已被全面取締。

大坑東徙置大廈

約一九七二年

大坑東與大坑西中間本有一水坑，地名亦是由此而來。一九四九年大陸變色，大量難民湧港，一九五〇年代初原為荒山的大坑東山邊，漫山遍野滿佈木屋，一九五四年的一場大火後，為安置居民，政府在附近興建七層徙置大廈，亦即大坑東邨。照片中所見即為其中一座，雖然設備簡陋非常，廁所欠奉，但對當年流離失所者來説，已是夢寐以求的居所。

2

長沙灣 荔枝角 美孚

荔枝角／昂船洲

一九三七年

荔枝角近葵涌海旁。一九三〇年代這裏仍是荒蕪之地，圖中村民正在石灘摸蜆。直至二戰之後，美孚火油庫進一步擴展，荔枝角一帶才慢慢發展成市區的一部分。

一九五〇年代

荔枝角海旁。此設施外觀看來似工廠，但從背面標註才發現，原來是開設在荔園附近的海上舞院和宴會廳。可能因為客觀條件欠佳，所以經營不久便告結業，此事亦漸為時間所淹沒，偶得此照片，可謂有圖有真相了。

一九五〇年代

鳥瞰昂船洲，島上盡是軍事設施。照片遠方的青衣和葵涌一帶仍然是荒蕪一片，回望今天，對香港這半世紀以來的發展實感驚嘆。

約一九六〇年

荔園正門和荔枝角巴士總站。照片左方所見，當年荔園對開不遠處已是海旁地帶。

約一九六〇年

荔園台柱大象天奴，本屬馬戲團所有，因馬戲團突然結業而流落香江，後為荔園接收。相信不少中年讀者都曾花過五毫子買半隻香蕉餵天奴，三十年來一直為兩三代人帶來歡樂時光；一九八九年因染上肺炎，才結束其坎坷的一生。

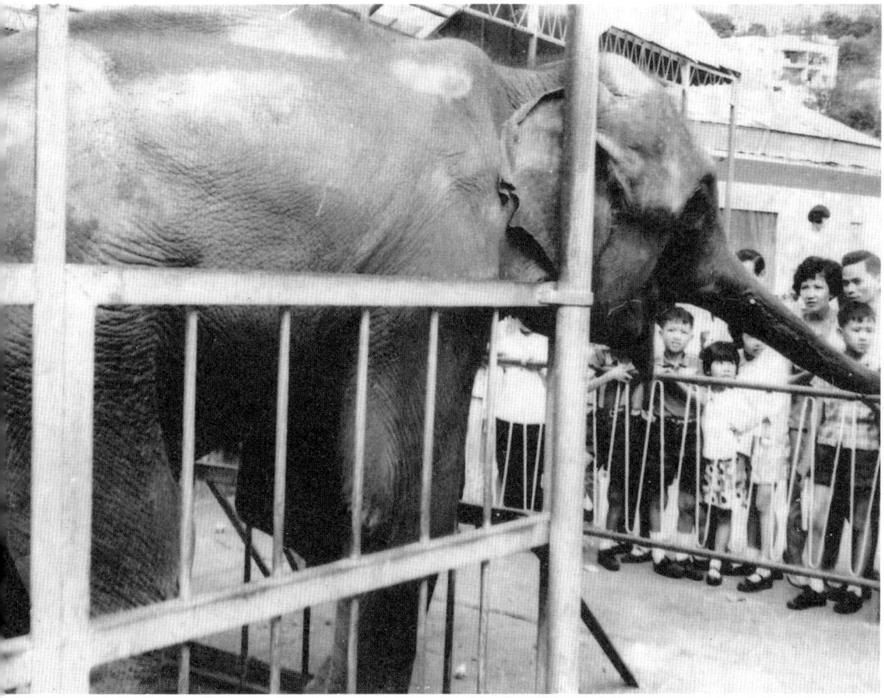

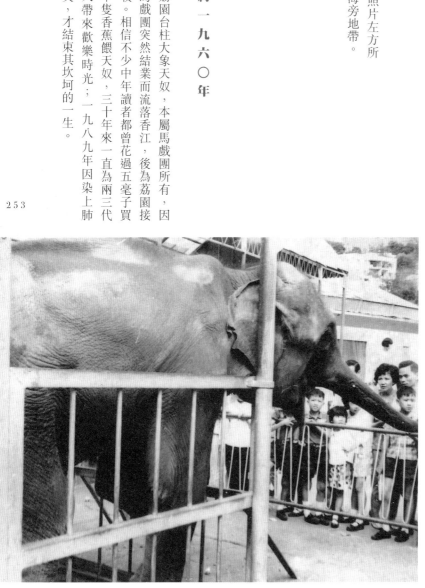

長沙灣

一九六〇年代初

李鄭屋邨。一九五三年石硤尾木屋區大火後，政府即開始在附近興建三大徙置區安置災民，李鄭屋邨即為其一。由於大部分災民均為逃避內戰而來的難民，政治色彩濃厚，加上黑社會的參與和鼓動，終於

一九五六年十月十日，石硤尾右派暴民藉口於屋邨內張貼的國民黨旗幟被撕毀，而借勢發動了所謂的雙十暴動，歷時長達一月並造成了六十人死亡過百人受傷，成為了本港開埠以來傷亡最嚴重的暴亂事件。

約一九六八年

沿順寧道西望。右面可見演神功戲的棚架，這裏當時是比較貧困的地區，故照片中可以看見兩間大押，其中左面的和豐押至今仍由原主羅氏經營，只是一早已搬到銅鑼灣。左中方的長泉冰室，當日在長沙灣一帶相當有名，但一般勞苦大眾仍是不能輕易光顧，偶一為之嘆個滾水蛋，已是無以上之的享受。

押
裕和豐電器
長東冰室

美孚新邨

約一九七〇年

從高空俯瞰美孚新邨。這裏原為一九二〇年代的美孚油庫，一九六〇年代初亦曾成為商業電台總部，至一九六〇年代末油庫遷往青衣，美孚石油成立美孚企業，着手發展成住宅區，後由新世界發展接收並建成美孚新邨。照片中可見右方尚有部分儲油設施仍未搬遷，附近四周仍荒蕪一片，美孚天橋亦未建成，但隨着一九七〇年代道路網的開通，配合葵涌的高速發展，這裏由原來的海灘泳棚，搖身一變成為了香港首創的大型屋苑。

約一九七二年

正中為建於一九六八年的美孚新邨。這裏原本為一九二〇年代建成的美孚油庫，至一九六〇年代中油庫遷至青衣才開始發展成住宅；此處部分亦曾於一九五八年開始作為商業電台開台後的總部。海面上可見數小艇，其實此荔枝灣早年為著名海浴場，至美孚新邨興建，海水被污染才改為划艇的熱點。一九七〇年代往荔園（荔枝園）遊樂場加上遊艇河，為我輩夢寐以求的節目，如今一切只成追憶。

特別鳴謝

鄭寶鴻先生

鳴謝（排名不分先後）

鄭志衡先生

李伯照先生

陸永金先生

翁維銓先生

九龍照舊

增訂版

編著　許日彤

責任編輯　謝慧莉　葉秋弦

設計及排版　明志　簡雋盈

印務　劉漢舉

出版　中華書局（香港）有限公司
香港北角英皇道四九九號北角工業大廈一樓B
電話：(852) 2137 2338　傳真：(852) 2713 8202
電子郵件：info@chunghwabook.com.hk
網址：http://www.chunghwabook.com.hk

發行　香港聯合書刊物流有限公司
香港新界荃灣德士古道二二〇至二四八號荃灣工業中心十六樓
電話：(852) 2150 2100　傳真：(852) 2407 3062
電子郵件：info@suplogistics.com.hk

印刷　美雅印刷製本有限公司
香港觀塘榮業街六號海濱工業大廈四樓A室

版次　二〇一六年二月初版
二〇二二年六月增訂版

規格　大16開 (240 mm x 170mm)

ISBN　978-988-8807-70-3